T0055971

Gabriel Jackson

MISSA SANCTAE MARGARETAE

MUSIC DEPARTMENT

OXFORD
UNIVERSITY PRESS

OXFORD
UNIVERSITY PRESS

Great Clarendon Street, Oxford OX2 6DP, England

Oxford University Press is a department of the University of Oxford.
It furthers the University's aim of excellence in research, scholarship,
and education by publishing worldwide in

Oxford New York
Auckland Bangkok Buenos Aires Cape Town Chennai
Dar es Salaam Delhi Hong Kong Istanbul Karachi Kolkata
Kuala Lumpur Madrid Melbourne Mexico City Mumbai Nairobi
São Paulo Shanghai Taipei Tokyo Toronto

Oxford is a registered trade mark of Oxford University Press
in the UK and in certain other countries

© Oxford University Press 2011

Gabriel Jackson has asserted his right under the Copyright, Designs
and Patents Act, 1988, to be identified as the Composer of this Work

Database right Oxford University Press (maker)

First published 2011

All rights reserved. No part of this publication may be reproduced,
stored in a retrieval system, or transmitted, in any form or by any means,
without the prior permission in writing of Oxford University Press,
or as expressly permitted by law. Enquiries concerning reproduction
outside the scope of the above should be sent to the Music Copyright
Department, Oxford University Press, at the address above

Permission to perform this work in public (except in the course of divine worship)
should normally be obtained from the Performing Right Society Ltd (PRS),
29/33 Berners Street, London W1T 3AB, or its affiliated Societies in each country
throughout the world, unless the owner or the occupier of the premises
being used holds a licence from the Society

Permission to make a recording must be obtained in advance
from the Mechanical-Copyright Protection Society Ltd (MCPS),
Elgar House, 41 Streatham High Road, London SW16 1ER,
or its affiliated Societies in each country throughout the world

7 9 10 8 6

ISBN 978-0-19-337755-4

Printed in Great Britain on acid-free paper by
Halstan & Co. Ltd, Amersham, Bucks.

CONTENTS

Kyrie	5
Gloria	9
Sanctus & Benedictus	20
Agnus Dei	24

Duration: 12 minutes

TEXTS AND TRANSLATIONS

These texts and translations may be reproduced as required for programme notes.

Kyrie

Kyrie eleison.
Christe eleison.
Kyrie eleison.

Lord have mercy.
Christ have mercy.
Lord have mercy.

Gloria

Gloria in excelsis Deo
et in terra pax hominibus bonae voluntatis.
Laudamus te.
Benedicimus te.
Adoramus te.
Glorificamus te.
Gratias agimus tibi propter magnam gloriam tuam.
Domine Deus,
Rex caelestis,
Deus Pater omnipotens.
Domine Fili unigenite, Jesu Christe.
Domine Deus, Agnus Dei, Filius Patris.
Qui tollis peccata mundi, miserere nobis.
Qui tollis peccata mundi, suscipe deprecationem nostram.
Qui sedes ad dexteram Patris, miserere nobis.
Quoniam tu solus Sanctus,
tu solus Dominus,
tu solus Altissimus, Jesu Christe.
Cum Sancto Spiritu in gloria Dei Patris.
Amen.

Glory to God in the highest
and on earth peace to men of goodwill.
We praise you.
We bless you.
We adore you.
We glorify you.
We give you thanks for your great glory.
Lord God,
Heavenly King,
God the Father almighty.
Lord the only-begotten son, Jesus Christ.
Lord God, Lamb of God, Son of the Father.
Who takes away the sins of the world, have mercy on us.
Who takes away the sins of the world, receive our prayer.
Who sits at the right hand of the Father, have mercy on us.
For you only are holy,
you alone are Lord,
you alone are the most high, Jesus Christ.
With the Holy Spirit in the Glory of God the Father.
Amen.

Sanctus & Benedictus

Sanctus, sanctus, sanctus,
Dominus Deus Sabaoth.
Pleni sunt caeli et terra gloria tua.
Hosanna in excelsis.

Holy, holy, holy.
Lord God of Sabaoth.
Heaven and earth are full of your glory.
Hosanna in the highest.

Benedictus qui venit in nomine Domini:
Hosanna in excelsis.

Blessed is he who comes in the name of the Lord:
Hosanna in the highest.

Agnus Dei

Agnus Dei, qui tollis peccata mundi: miserere nobis.
Agnus Dei, qui tollis peccata mundi: miserere nobis.
Agnus Dei, qui tollis peccata mundi: dona nobis pacem.

Lamb of God, who takes away the sins of the world: have mercy on us.
Lamb of God, who takes away the sins of the world: have mercy on us.
Lamb of God, who takes away the sins of the world: give us peace.

Commissioned in memory of Gwyneth Kathleen Davey (1949–2009) by her family and friends

Missa Sanctae Margaretae

GABRIEL JACKSON

KYRIE

Duration: 12'

First performed by the choir of St Margaret's Church, Oxford, directed by Richard Goodall, on 18 July 2010.

© Oxford University Press 2011

Printed in Great Britain

OXFORD UNIVERSITY PRESS, MUSIC DEPARTMENT, GREAT CLARENDON STREET, OXFORD OX2 6DP

The Moral Rights of the Composer have been asserted. Photocopying this copyright material is ILLEGAL.

5
mp
p
Ky - ri - e e - lei - son.
son,
Ky - ri - e e - lei -
mp
p
Ky - ri - e e - lei - son, e - lei - son.
son,
Ky - ri - e e - lei -
9
mp
Chri - ste e -
son.
son.
Ch.
mp
Sw.
p

13
mf
mp
-lei - son, Chri - - ste e - lei - son,
mp
mp
17
p
Chri - ste e - lei - son.
f
Ky - ri - e e -
f
Ky - ri - e e -
f
Ky - ri - e e -
f
Ky - ri - e e -
mp

21
rall.
-lei - son, Ky - ri-e e - lei - son.
-lei - son, Ky-ri - e e - lei -
-lei - son, Ky-ri - e e - lei -
-lei - son, Ky - ri-e e - lei - son, e - lei - son.
Sw: full swell
Ped: bourdon 16' 8'
Sw. to Ped.
rall.
25
a tempo
rall.
- son.
-son.
Sw: flute 8' + strings 8'
Ch: flute 8' 4'
Ped: bourdon 16' 8'
Sw. to Ped.
a tempo
Ch.
rall.
Sw.

GLORIA

Quick ♩ = c.92
SOPRANO
ALTO
TENOR
BASS
Glo-ri-a in ex - cel - sis De - o
Sw: strings 8' + flute 4' + mixture
Quick ♩ = c.92
ORGAN
Full organ

Steady ♩ = c.63
et in ter - ra pax ho - mi - ni - bus bo - nae vo - lun - ta - tis.
et in ter - ra pax ho - mi - ni - bus bo - nae vo - lun - ta - tis.
et in ter - ra pax ho - mi - ni - bus bo - nae vo - lun - ta -
et in ter - ra pax ho - mi - ni - bus bo - nae vo - lun - ta - tis.
Sw: flute 8'
Ped: bourdon 16'
Sw. to Ped.
Steady ♩ = c.63
Be -
Lau - da - mus te.
- tis.
Be -
Lau - da - mus te.
Gt: flute 8' + principal 4' 2'
Sw: strings 8' + flute 8' 4'
Gt.
Sw.

20
-ne - di - ci - mus te.
mf
A - do-ra - -
-ne - di - ci - mus te.
mf
A - do-ra - -

23
mf
Glo - ri - fi - ca - mus te.
- mus te.
mf
Gra - ti-as
mf
Glo - ri - fi - ca - mus te.
- mus te.
mf
Gra - ti-as

26
mf
Gra - ti - as a - gi - mus ti - bi pro - pter
a - gi - mus ti - bi pro - pter ma-gnam glo -
mf
Gra - ti - as a - gi - mus ti - bi pro - pter
a - gi - mus ti - bi pro - pter ma-gnam glo -
29
f
glo - ri - am tu - am.
p
Do - mi - ne De-us, Rex
f
- ri - am tu - am.
p
Do - mi - ne De-us, Rex
f
glo - ri - am tu - am.
p
Do - mi - ne De-us, Rex
f
- ri - am tu - am.
p
Do - mi - ne De-us, Rex
Gt: 8' to mixtures (with lots of upperwork)
Ch: flute 8' + nasard + mixture + tremulant
(Gt.)
Gt.
Ch.
p

33
mf
p sub.
cae - le - stis, De - us Pa - ter om - ni - po - tens. Do - mi - ne Fi - li
cae - le - stis, De - us Pa - ter om - ni - po - tens. Do - mi - ne Fi - li
cae - le - stis, De - us Pa - ter om - ni - po - tens. Do - mi - ne Fi - li
cae - le - stis, De - us Pa - ter om - ni - po - tens. Do - mi - ne Fi - li

37
mf
p sub.
u - ni - ge - ni - te, Je - su Chri - ste. Do - mi - ne De - us, A - gnus De - i,
u - ni - ge - ni - te, Je - su Chri - ste. Do - mi - ne De - us, A - gnus De - i,
u - ni - ge - ni - te, Je - su Chri - ste. Do - mi - ne De - us, A - gnus De - i,
u - ni - ge - ni - te, Je - su Chri - ste. Do - mi - ne De - us, A - gnus De - i,

41
pp
Fi - li - us Pa - tris.
rall.
Sw: strings 8' + flute 8'
Ch: soft reed 8'
Gt.
ff
Ch.
p
46
Slow ♩ = c.56
mi - se-
Qui tol - lis pec - ca - ta mun - di,
mp
Sw.

52
mp
p
-re - - re no-bis.
p
mp
Qui tol - lis pec-
p
mp
Qui tol - lis pec-
p
mp
Qui tol - lis pec-
p

58
p
mp
p
su - sci-pe de - pre-ca-ti-o-nem no - stram.
p
-ca - ta mun - di,
p
-ca - ta mun - di,
p
-ca - ta mun - di,
p
pp

63
p
mi-se-
p
mp
Qui se - des ad dex - te-ram Pa - tris,
p
mp
Qui se - des ad dex - te-ram Pa - tris,
p
mp
Qui se - des ad dex - te-ram Pa - tris,
pp

69
mp
p
-re - - - - - re no - bis.
p

73
Sw: celestes 8' + flute 4'
Ped: bourdon 16'
Sw. to Ped.
p
A little faster ♩ = c.63
78
S. SOLO
SOPRANO SOLO
p
Tu so - lus san - ctus,
S.
pp
Quo - ni - am tu so - lus San-ctus, tu
A.
pp
Quo - ni - am tu so - lus San-ctus, tu
T.
pp
Quo - ni - am tu so - lus San-ctus, tu
B.
pp
Quo - ni - am tu so - lus San-ctus, tu
A little faster ♩ = c.63
Sw.
pp
p

83
p
tu so - lus Do - mi - nus,
so - lus Do - mi - nus,
pp
tu so - lus
so - lus Do - mi - nus,
tu so - lus
so - lus Do - mi - nus,
tu so - lus
so - lus Do - mi - nus,
tu so - lus
pp
p
88
p
mf
p
Je - su Chri - ste.
mp
pp
Al - tis - si - mus, Je - su Chri - ste.
Al - tis - si - mus, Je - su Chri - ste.
Al - tis - si - mus, Je - su Chri - ste.
Al - tis - si - mus, Je - su Chri - ste.
pp
mp
pp
p

92
Quick ♩ = c.92
TUTTI SOPRANOS
S.
A.
T.
B.
Cum San-cto Spi-ri-tu in glo - ri-a, in glo - ri-a, in glo -
Full organ
Quick ♩ = c.92
97
- ri-a De - i Pa - tris. A - men.

SANCTUS & BENEDICTUS

16
p
Do - mi - nus De - us Sa - - - ba -
Do - mi - nus De - us Sa - - - ba - oth.
Do - mi - nus De - us Sa - - - ba - oth.
Do - mi - nus De - us Sa - - - ba -
Ch.
24
f
-oth. Ple - ni sunt cae - li et ter - ra glo - ri -
Ple - ni sunt cae - li et ter - ra glo - ri -
Ple - ni sunt cae - li et ter - ra glo - ri -
-oth.
Gt: flute 8' + principal 4' 2' + mixture
Sw: strings 8' + flute 8'
Gt.
Sw.
mf
tr

32
-a tu - a. Ho - san - na in ex - cel - - -
-a tu - a. Ho - san - na in ex - cel - - -
-a tu - a. Ho - san - na in ex - cel - - -
f
Ho - san - na in ex - cel - - -
tr
tr
Gt.
f
38
- sis.
- sis.
- sis.
mp
- sis.
Be - ne - di - ctus qui
Sw: strings 8'
Ch: flute 8' 4'
Ped: open wood 16'
Sw. to Ped.
(tr)
tr
Ch.
p
Sw.
p
p

44
mf
mp
ve - nit in no - mi - ne Do - -
48
p
pp
Ho - san - na in ex - cel - sis.
Ho - san - na in ex - cel - sis.
Ho - san - na in ex - cel - sis.
- mi - ni: Ho - san - na in ex - cel - sis.
Ch: flute 4' 2' + mixture
Ped: bourdon 16' 8'
tr

AGNUS DEI

Slow ♩ = c.56
SOPRANO
ALTO
p
A - - gnus De - - - -
TENOR
BASS
p
A - - gnus De -
Sw: flute 8' + strings 8'
Ch: flute 8' 4'
Ped: bourdon 16' 8'
Sw. to Ped.
Slow ♩ = c.56
ORGAN
p
5
mp
p
qui tol - lis pec - ca - ta mun-di:
- i:
p
mi - se - re - re no -
mp
p
qui tol - lis pec - ca - ta mun - di:
- - - - i:
p
mi - se - re - re no -

9
- bis.
- bis.
Ch.
mp
Sw.
p
Sw.
13
p
A - - gnus De - - - - -
p
A - - gnus De -
p

17
mp
p
qui tol - lis pec - ca - ta mun-di:
- i:
mi-se - re - re no -
qui tol - lis pec - ca - ta mun - di:
- - - - - i:
mi-se - re - re no -
21
- bis.
-bis.
Ch.
Sw.
mp
Sw.
p

25
f
A - - gnus De - - - - -
f
qui tol - lis_
f
A - - gnus De - - - - -
f
qui tol - lis_
f
mf
p
29
mf
- i:
p
do - na no - bis pa - cem,_ do -
mf
_ pec - ca - ta mun - di:_
p
do - na no - bis pa - cem,_ do -
mf
- i:
p
do - na no - bis pa - cem,_ do -
mf
_ pec - ca - ta mun - di:_
p
do - na no - bis pa - cem,_ do -
Sw: celestes 8'
Ch: soft reed 8'
Ped: bourdon (32') 16'
Sw.
mp
p
pp

Brockley, February–May 2010